Un
BORICUA
en la
DIÁSPORA

Poemas por

Miguel Enrique Fiol Elías
Fideicomiso de la Familia Fiol
Ponce-San Juan-Puerto Rico-Minnesota

Para realizar pedidos de este libro, contacte con:
Palibrio LLC
1663 Liberty Drive
Suite 200
Bloomington, IN 47403
Gratis desde EE. UU. al 877.407.5847
Gratis desde México al 01.800.288.2243
Gratis desde España al 900.866.949
Desde otro país al +1.812.671.9757
Fax: 01.812.355.1576
ventas@palibrio.com

ISBN: Tapa Blanda   978-1-5065-4722-0
                Libro Electrónico   978-1-5065-4723-7

Número de Control de la Biblioteca del Congreso: 2022907450

Información de la imprenta disponible en la última página

Fecha de revisión: 17/05/2022

Prólogo

El "Fideicomiso de la Familia Fiol" se complace en publicar este poemario que cumple con la misión y visión del mismo como está descrito en su incorporación:

Misión del "Fideicomiso de Familia Fiol (FFF)":

El FFF es una organización sin fines de lucro que colaborará y promoverá al acercamiento de puertorriqueños en la diáspora del estado de Minnesota y Puerto Rico, especialmente, Ponce, para estudiar la historia, cultura y literatura de Puerto Rico en ambos lugares y también promover, estudiar y auspiciar actividades e intercambios científico-médico.

El FFF tiene la misión de llevar a cabo estas actividades en PR y en la diáspora a través de conferencias, coloquios, simposios, certámenes, intercambio de conferenciantes y clínicas comunitarias en colaboración con médicos de la isla.

El FFF tiene la misión de ubicar, custodiar y presentar la "Colección Dr. Miguel Fiol" a organizaciones en PR y la diáspora que tengan como propósito difundir el conocimiento de la historia y cultura de la isla y de la ciudad de Ponce.

El FFF tiene la misión de apoyar y promover la investigación histórico-culturo-científico de temas acordados por la Junta de investigación Histórica del FFF.

Visión del "Fideicomiso de Familia Fiol (FFF)":

El FFF será un "think tank" de investigación, conocimiento y educación en la historia y cultura de PR, especialmente de la ciudad de Ponce, en aspectos políticos, culturales, y científico-médico.

La Colección de FFF servirá de base para investigación en áreas de interés que llevará a publicaciones que avancen el conocimiento de la historia y cultura puertorriqueña aquí y en la diáspora.

Prologue

The "Fiol Family Trust" is pleased to publish this book of poems that fulfills the mission and vision of it as described in its incorporation:

Mission of the "Fiol Family Trust (FFT)"

The FFT is a non-profit organization that will collaborate and promote Puerto Ricans in the diaspora of the state of Minnesota and Puerto Rico, especially Ponce, to study the history, culture and literature of Puerto Rico in both places and also to promote, study and sponsor scientific and medical activities and exchanges between the two. The FFT has the mission of carrying out these activities in PR and in the diaspora through conferences, colloquia, symposia, contests, exchange of lecturers and community clinics in collaboration with doctors from the island. The FFT has the mission of locating, guarding and presenting the "Dr. Miguel Fiol Collection" to organizations in PR and the diaspora whose purpose is to disseminate knowledge of the history and culture of the island and the city of Ponce. The FFT has the mission of supporting and promoting historical-cultural-scientific research on topics agreed upon by the FFT Historical Research Board.

Vision of the "Fiol Family Trust (FFT)"

The FFT will be a "think tank" of research, knowledge and education in the history and culture of PR, especially of the city of Ponce, in political, cultural, and scientificmedical aspects. The FFT Collection will serve as a basis for research in areas of interest that will lead to publications that advance the knowledge of Puerto Rican history and culture here and in the diaspora.

Índice de temas y poemas

Poemas de mi familia

Poemas desde la diáspora

Poemas sobre la patria

Poemas de la subjetividad

Poemas en inglés

POEMAS DE MI FAMILIA

A Alejandro en su cumpleaños

De su abuelo, Miguel Fiol.. 2020

De chiquito te llamábamos "Chacatito",
por tu forma de ser y por tan bonito;
y te vimos crecer siempre siendo
algo especial y muy cariñoso con toditos…

De adulto eres atleta de todos,
y a todos das tu habilidad con cariño,
ya no te llamamos "Chacatito"
te decimos el "hombre con piernas de niño"

Llevas la patria Borinqueña por dentro,
aunque en la isla nunca has vivido,

sé que ella te encontró
porque sabe que eres a su belleza atraído...

Te enseñé desde niñito a amarla,
pues es la sangre materna que en tus venas vive,
y veo en cada "goal" que das en el fútbol
la bandera ondeando en tus brincos…

Que dios te bendiga en todos tus años,
siempre estaremos contigo,
y aunque el universo nos llame
desde allá te guiaremos con cariño…

Amor del bueno...

A Marta Yvonne en su cumpleaños 2022

Otro año Dios nos bendice vivir juntos,
la gracia de Dios es maravillosa
y me das otro año gozoso del amor
por más de medio siglo fraguado...

Amor del bueno,
amor que sabe darse sin fronteras;
en muchas mañanas de luz
y en algunas noches sin lunas bellas...

Tú sabes lo que ser madre es,
tú sabes ser esposa,
y el amor que nació en el hipódromo
corona tu cabeza con tres estrellas hermosas...

Amor del bueno cada día,
que calladamente honras,
te pido mil perdones por faltarte en un pasado ya muerto..

Hija de corazón justo,
quisiste darle a tus hijos lo mejor
y sacrificastes tu futuro
por el de tantos con amor puro...

Ahora Dios te ha dado más vida
en regalo por el amor del bueno
a tantos derramado y coronará tu cabeza
con las estrellas que en tu vida distes sin reserva...

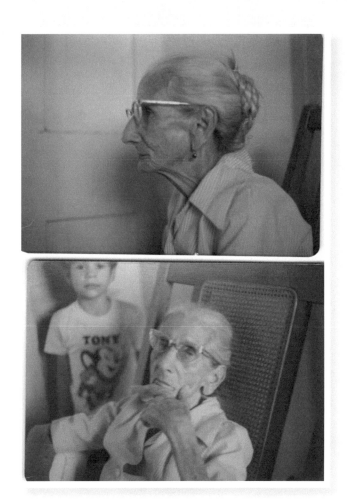

El cariño de mi abuelita

A mi abuela Matilde, en mi recuerdo 2021

Ya yace en un lugar distante de mi corazón,
sólo a veces un recuerdo leve,
como una ráfaga tenue que levanta unas hojas,
pasa por mi mente camino al olvido…

Recuerdo en las tardes de verano
sus masajes tenues en mis piecitos,
cansados de correr patines
por las calles de Mariani de mi Ponce querido…

Y luego dormía a su lado, temeroso de la oscuridad,
su mosquitero nos defendía de los insectos

y de los ratoncitos qué a Mantequilla,
el gato que dormía debajo, se le escapaban

Tenía sólo su cama,
su tocador manchado de alcoholado;
no había retratos,
sólo ropa fuera de época que envejecía con ella…

Estaba siempre en la cocina,
no sabía leer ni escribir
nunca hablaba de política, ni de libros,
sólo de sus hijos, nietos y el negocio que no daba para vivir.

Sus manos enjutas, que habían cosido
las ropas de mi padre,
en las mañanas prendían con un cartoncito
el carbón de la estufa de ladrillos que adoraba.

La cocina era su imperio,
la estufa de carbón su bandera,
y el cariño y respeto que emanaba
la hacían reina de su familia y su corte pequeña.

Más con los años fue suavemente yéndose,
mi Güela querida y santa,
y cieguita, y sorda, tocaba mi cara
buscando mis facciones y mis lágrimas calladas…

Y murió en su casa como un pajarito
vestida con su ropa antigua
y con el amor de su familia
que la cuidó hasta los 100 añitos.

Se fue y me dejó solito,
sin nadie que mis piecitos sobara,
ni que me defendiera, con Mantequilla,
debajo de su mosquitero y en su cama.

Adiós, Güela querida,
ya he caminado mundo entero varias veces
y no encuentro esas manos suaves
que mis piececitos reclaman…

Sé que pronto a tu lado
me esperas con tu cafecito tenue,
tus huevos en revoltillos inolvidables,
y tus palabras suaves de amor colmadas…

No me dejaste nada,
sólo tu corazón y suave voz
que en la vida me han dado
un cariño especial jamás de nuevo encontrado…

A "El Pupo" que cantó a la vida desde su celda...

Al ruiseñor (*north mockingbird*) que me enseñó poesía

Mi madre lo compró por cinco centavos
apenas salido de su cascarón y todavía en su nido,
y le daba con una cucharita agua
y le hacía calabaza con yemas de huevos cocidos...

Duró más de quince años, nunca aprendió a volar,
pero sí sabía cantar y cantó toda su vida...
conocía a mi padre cuando llegaba,
y él le daba uvas frescas y cundiamor por las rejillas
de su jaula de varillas de palma...

Cantaba una delicia todas las madrugadas
y el vecindario ya le conocía
y hasta le ofrecieron trecientos dólares a mi padre
pero jamás él lo vendería ni lo canjearía..

Una vez se le rompió la jaula por debajo
y planeó hasta el patio del perro del frente
y allí en la noche lo oíamos peleando
y mi padre le pitó su conocido canto
y él contestó y lo rescatamos, sin cola, de la boca del perro bravo.

Así envejeció, cantando,
jamás una pajarilla subió a verlo,
vivió la vida en su cárcel soñando
con un amor y su libertad eterna.

Pero prisionero de la vida,
a los quince años, en el piso de su celda,
apareció muerto la mañana
que su canto al amor nos faltó.

Mi padre lo lloró en silencio y con amargura,
mi hermano mayor perdió el paso y entristeció,
y todos lo recordamos calladamente siempre
como el prisionero que a la vida le cantó..

Mi madre, para contentar a mi padre,
le trajo un ruiseñor ya maduro y en su jaula,
papá se sentaba bajo la jaula pitándole para que Wenceslao cantara
pero, nunca, como el Pupo, ni un silbido emitió.

Un día, no se sabe si alguien le abrió la jaula, o que pasó,
pero a Wenceslao lo vimos volar al horizonte
y lentamente en él se disolvió.

Gracias al cielo por mis hijas...

En dia Acción de Gracias de 2019

Cuando vieron el mundo sus ojitos,
era sólo un a muñequita adorable,
lloraba tan dulce y lindo
que parecía que rezaba o decía un poema suavecito...

Creció con el amor en sus manos,
lista a socorrer el necesitado
y floreció en su juventud
como la niña más ágil de sus hermanos..

El amor la sorprendió en Madison
y de ahí con Jim tejió el más lindo
nido de amor y cariño
y Dios los bendijo con tres hjjos que de su amor son testigos.

Conoció el dolor de ser madre,
pero lo sobrellevó con su sonrisa eterna y adorable,

y tejió un hogar sin paralelo
que de belleza en un enjambre...

Cultiva la amistad con delicadeza,
como el que cultiva una rosa, o un clavel
y le da a todos apoyo y cariño
sin saber quién eres o qué es..

En este día de Acción de Gracias yo traigo al altar de Dios
mi hija, Marta Cecilia, como flor para que su jardín adorne,
como ejemplo de maternidad y amor incondicional,
y regalo a todos los que su paso admiramos..

Que Dios proteja este hogar,
que demos a Acción de Gracias un ejemplo para este mundo convulso
que sepan que se puede vivir honorable, completa y de amor llena
sin las guerras y los odios que nublan el futuro.,

El amor al prójimo y la total entrega
es la única ruta para salvar el mundo,
es la estrella que perseguimos todos
y es la estrella que a ella siempre por horizonte tuvo..

Que la recuerden como ella quiso.

A mi prima querida que sufre Alzheimers, marzo 2021

Allí, en la calle suya, fue cayendo la tarde
y día a día fue su mente apagándose,
y sólo quedó su cuerpecito suave,
reliquia de una época de belleza incalculable.

Y se fueron esfumando en la noche
los ojos que deslumbraron.
y se marcha del mundo
dejando estelas de gentileza y tres hijos devastados.

La recordaremos como quiso
y no como cascaron vacío de alma
donde bailan imágenes
que ella no sabe lo que dicen ni por que danzan.

Que el mundo la recuerde como ella quiere,
bailando como Reina del Deportivo
en sus deslumbrantes trajes,
sin que nadie su belleza opacara,
ni sus ojos de Reina encantada nublaran.

Se esfumará en un último suspiro
mirando a su amado Joel, que su paso día a día vela,
aguantando sus lágrimas para no nublar los ojos
que amó con locura una vida entera.…

Adiós Marta Rosa,
flor marchita por cruel enfermedad,
descansa en tu mundo fantasioso
mientras tu sueño velamos.

POEMAS DESDE
LA DIÁSPORA

Adiós...a treinta años de vida.

A amigos que se marchan buscando nuevas auroras

Amigos que caminamos juntos
senderos por la suerte trazados
se marchan sin dejar huellas
y el corazón...amotetado...

Vimos los hijos juntos crecer, los familiares queridos marchar,
bebimos vino juntos, cantamos villancicos,
celebramos navidades envueltos
en el calor que la patria lejana nos dá.

Les deseamos que la esperanza
y el sueño de mejor vida,
que como estrella en el horizonte les llama,
su camino guié y su paso bendiga.

Sabemos que en su nueva jornada
triunfos su camino adornarán,
como gardenias y rosas
que en la patria en los caminos suelen brillar...

Dejan atrás a muchos amigos
que pañuelos agitan y lágrimas suprimen,
y que les desean felices viajes
pero le piden que no olviden que el pasado hace el futuro.

Y el futuro hace el pasado más bello,
que lo caminado no es menos que lo por caminar.

Y que se vive cantando la música
que el recuerdo borda de flores
y que los pajarillos de suave cantar
entonan melodías ocultas
que sólo el corazón puede escuchar....

¿Cuándo celebraré el 4 de julio?

Esta gran nación que nos da albergue,
donde nuestros hijos crecieron,
donde dieron la vida nuestros soldados en batallas
y a que muchas memorias nos atan.

Esta gran nación que muchos
de falso orgullo y colonialismo manchan,
debe respetar el derecho de los pueblos a ser libres
y hacer como debe, por mi patria lejana...

Cuando reconozca que nosotros, como ellos,
derecho a ser libres Dios manda,
que los pueblos por tu etnicidad son definidos.

Cuando despierte al derecho de las naciones a ser autónomas,
a pueblos por su raza ser honrados,
entonces reconoceré su 4 de julio,
y celebraré con ellos su bandera multiestrellada.

Cuando esta gran nación reconozca
el derecho de la mía a ser libre y soberana
entonces yo me alzaré desde mi Yunque
y desplegaré mi bandera solitaria.

Miraré hacia al norte alzando con la otra mano
su emblema de muchas estrellas blancas,
donde la mía, gracias a Dios, no se encuentra,
pues flota sola, a mi corazón abrazada…

El sueño que no cesa. . .2020

Ya en mis noches brilló la luna,
ya el reloj de arena casi se desmayó,
ya el descanso brilla en mi horizonte,
pero todavía, el sueño que no cesa nutre mi corazón.

Un sueño que por más de siete décadas
mi voluntad sostuvo y mi corazón abrazó,
y que no saldrá a ver la luz y no saldrá a coger aire
hasta que no flote sola la monoestrellada que lo forjó...

La diáspora le dio más vida,
y la nostalgia es el aire que respira,
la que mantiene la bandera viva
y tibia su entraña dormida.

Y como un viejo marino al timón me aferro,
y mirando al horizonte sé mis marinos verán tierra
y los calmo con mi mirada suave,
y busco en mi corazón la fuerza que ya no tengo...

Pero estaré aquí, guiando mi barco,
con "la frente acostumbrada a la tormenta"
hasta que llegue al puerto triunfante
y la besen todos que con sueños la quisieron...

#José De Diego

La bandera que llevamos dentro los boricuas...

desde Minnesota en 2019

Siempre me acompaña y su estrella solitaria
mi amor por mi isla proclama,
y en mis noches azules
entra a mi lecho de espinas y me calma…

Es un amor que no cesa,
flota dentro de todos hace siglos,
aún cuando el invasor castigaba
al que con orgullo la llevaba.…

Hoy se nos nubla la vida,
circunstancias nos llevan

a vivir en esta nación en el hielo tallada,
pero su calor mantiene la entraña tibia y la sana...

Es la vida misma nuestra,
los ojos del alma que sueña...
Es la fuerza que nos seduce
a un amor incondicional que ciega...

Por ella luchamos desde cualquier mundo,
vencerá toda la maldad que la acecha,
y aunque el viento se oponga
flotará majestuosa, sola y siempre bella...

La soledad del Norte de América

En Minnesota en el invierno más cruel
y durante pandemia de 2021

Soledades sufren los pajarillos mañaneros,
pero llenan el aire frio de esperanza y alegría,
el invierno cruel les deja solitos
y sus cánticos traicionan su corazón sombrío..

La tristeza me arropa como un manto de nieve,
veo mi amor sufriendo de un dolor que nunca cede,
mi prima encerrada en una casa de reposo sufre dolores,
y en su hijo la demencia avanza destrozando valores…

Se fue mi mundo por la soledad y la distancia herido,
mi cuerpo ausente de la patria llora

y se enredan en mis dedos la oración consciente:
que Dios me devuelva la paz y el pasado que añoro...

Mi familia creció lejos del umbral de mi vida,
no regresarán a la patria por la cual no sienten,
quedamos ella y yo, exilados sin sustento,
navegando en un mundo que no nos reconoce o siente…

La soledad, la enfermedad y el invierno cruel,
mi alma devora y no sé si seré homenajeado del mundo,
o me marcharé sin patria y sin rumbo
a buscar mi vida en otros lugares menos profundos..

Estoy en el punto más bajo de mi vida en el Norte
la soledad y el encerramiento me envenenan,
y no sé si sobreviviré el mundo cruel y la tragedia
sin amor, sin fe, perdido, y sin rumbo..

POEMAS SOBRE LA PATRIA

Cuando nada quede...

Con mucho cariño a mi clase del Perpetuo...
desde Minnesota en 2021

Cuando el amanecer sea lo que quede de mi drama,
cuando todos se hayan marchado
y solo la soledad me cante
en las olas y la espuma de mi casa...

Cuando parezca que la vida se arrastra,
y todos los ídolos hayan caído,
y las tórtolas de mi niñez yazcan heridas,
y mi paso se convierta en un esfuerzo dañado...

Cuando el arte me traiga muchos recuerdos,
y la poesía sea demasiado dolor y olvido
y los amigos no puedan venir
ni los pájaros sus madrigales cantarme...

Entonces la patria llegará majestuosa
con ojos de ternura, con labios de verdad saturados,
con historias de mi gente que han sobrevivido
y que forman la fuente de mi orgullo y sino callado...

Mi patria, aunque esté viviendo en la luna,
siempre es recuerdo dulce, amor que nunca falla,
y en las noches solitaria en mi cama se mete
y me arrulla como cuando niño mi madre me amaba…

Esta patria ardiente, siempre me espera,
no puedo desprenderla de mi corazón en llamas
y alimenta la vida que la clama
y que de mis sueños emana…

Cuando no quede nada
sólo miraré el cielo del amanecer
y veré mi bandera, sola flotando,
y arrullará mi camino hacia el eterno espacio…

Los pies cansados del Independentista 2018

desde la diáspora de MInnessota

Esas piernas que han cruzado
de lado a lado nuestra isla esclava,
que han traído esperanza y luz
al colonizado y, también, al ya liberado…

Ya marchan a paso menos agigantado,
ya el tiempo ejerció su poder
y sus fuerzas van menguando…

Poco a poco van disolviéndose en un horizonte
de un sol de oro coronado,
y entrarán a la gloria de haber vivido
a la patria amando y cantando…

Las generaciones boricuas que le siguen,
besarán la tierra donde su paso fue iluminando
el camino correcto para una isla por Dios destinada
a sufrir un calvario de más de quinientos años…

Calvario
cómo el que su hijo sufrió y cargó la cruz
también con pies cansados…

No teman, compañeros,
de cada pisada de eso pies cansados
saldrán flores que llevarán nuestros hijos
al altar de la libertad por tantos soñada.

¡Nadie manchará mi tierra!

2019

A los puertorriqueños y otros que marchamos en
la diáspora y en la isla por nuestra dignidad

Esta patria que todos llevamos dentro,
quemándonos el alma como un fuego de cañaveral,
en doce días brotó de nuestras entrañas
para defender su honor y dignidad...

La monoestrellada fue reina y señora,
flotó sola en cada rincón del Viejo San Juan,
y los boricuas enfrentaron los gases
sólo con sus corazones llenos de bondad.

El pueblo salvó su dignidad,
no aguantará más abusos de nadie,

pasó por otro calvario como con Vieques
y nadie nuestra patria manchará sin sangre.

La patria comienza donde acaba el partidismo,
es la esencia de lo que somos,
y si nos necesita nos levantaremos de nuevo
a subir a su altar y rendirnos gloriosos.

No puede la Nación más grande de la historia
sofocar nuestra ansia patriótica,
ni su líder manchado por sus actos,
dictar a quién ama esta gente honrosa...

La fuerza está no en lo que somos,
sino con lo que soñando vivimos:
y ya se ve en la distancia la estrella
iluminando sola nuestro corazón perdido...

Descansen en paz los patriotas dormidos;
su sangre y calvario fueron vindicados;
ya esta tierra es sólo nuestra
y nunca jamás la mancharán,
sin que nuestros puños alcemos por la afrenta...

Poema a la paz y a los Tres Reyes Magos

Dia de Reyes 2019 por Miguel Fiol

En este mundo convulso
donde la paz parece un mito,
donde la muerte abunda
y donde se ha perdido un Niño…

En este mundo hundiéndose
por la contaminación y el olvido
de los principios más bellos
que a nuestro corazón trajo un Niño...

Seamos como los Tres Reyes Magos
que de lejos vieron la esperanza
brillando en el horizonte
en una luz que jamás habían visto.

Salgamos de nuestros lares
a cojer por el camino señalado por la estrella
a buscar un nuevo comienzo
para nuestro mundo en pena…

Pues tres seres de Oriente siguiendo sus sueños
y montados en sus "barcos del desierto"
se lanzaron tan lejos guiados sólo por una luz interna,
que les prometía una esperanza y una nueva estrella...

Seamos iguales que esos tres seres sabios:
llevemos a nuestra vida diaria
de los niños la paz que da su mirada,
sus manitas dulces, y su sonrisa no contaminada…

Abandonemos ya la guerra, la discriminación,
y marchemos al futuro sin miedo

pues la paz, la aceptación, la ayuda mutua
es la sabiduria mas grande que Dios ha hecho...

Abrazemonós como hermanos,
y que la paz sea nuestra única estrella
y salvemos al mundo de este delirio
que no promete futuro, sólo muerte y guerra...

Alcemonós sobre la venganza y el olvido,
y sigamos nuestra gente bella...
la paz, el amor al prójimo,
y un futuro lindo para nuestros niños bellos...

A mi Ponce herido...

En misión médica a Ponce y la isla en enero 2020

Te dejo así, herido, pero jamás vencido;
nos distes recuerdos más allá de los temblores,
y tus brazos recibieron estos peregrinos del mundo
que buscan su camino en una vida sin orden.

Te dejamos para seguir nuevos rumbos,
el corazón lleno de nueva vida,
curamos tu gente en los campamentos
y sanamos en nuestro corazón las heridas y tormentos...

Nos acordaremos de cada esquina de tu plaza dormida,
del helado de guanábana frente a la fuente
que suavemente forjará lágrimas
en cada momento que la recuerden...
Llegamos a Ponce de Orocovis a Coamo,
bajando las siete curvas agudas,
que nuestro Roberto,
conquistó con bravura y susto controlado...

En Coamo un asopao eterno,
y mofongo por pollo coronado,
nos puso en un sopor
que cirugía hubiésemos aguantado…

Pronto partiremos para el oeste,
nuevos retos nos reclaman en Güanica y Peñuelas,
y te dejamos, así triste y fracturado
pero con tu estrella en tu frente siempre brillando…

Ponce, tu gente nos dio tanto cariño,
que de ti estamos embriagado,
y aunque con el corazón fracturado
te llevaremos en él acurrucado y de temblores sanado…

A Minnesota pronto regresamos,
viendo la patria por el mar sus orillas arrullando;
sabiendo que a esta isla nada la vence,
y que el boricua jamás se rompe o la deja de amar siempre…

Si la furia del mal quisiera nuestra bandera ahogar,
jamás nuestro machete vencerá;
pero si todavía nos quiere destruir el mal
saldremos en cada ola y cada espuma a sus costas besar..

Y si llena de celos la naturaleza a mi Ponce
en mil pedazos lo ha de destrozar,
yo iré uno a uno sus pedazos sanar
y surgirá de los escombros linda, noble y como siempre, Señorial..

Un árbol y un pueblo

A la Ceiba de Ponce, que muere 2021 Miguel Fiol

Hace años que la vimos suavemente secándose,
la savia de siglos se le escapaba
y mirándonos con tristeza se desangraba
y no podíamos su muerte aguantarla...

Volvía al pasado del que fue testigo:
cuando Colón llegó, ya era arbusto
y cuando Dr. Pila murió, lloró flores de luto
y en San Felipe a Ponce defendió con bravura
pero con María, ya débil, perdió los pocos brazos
que de su centenario tronco perduran.

Bajos sus amplios brazos muchos amores se profesaron,
muchas fotos con parejas en matrimonio se tomaron, despidió duelos
de muchos prominentes
y vivía alegre con un pueblo que la amaba como un pariente.

Ahora un pueblo triste la contempla irse sin las flores
que siempre a todos obsequiaba,
ni la sombra que diera al abatido
ni los brazos para defender la patria.

Adiós compañera de jornada,
iras a donde van los árboles viejos a morir;
moriste de pie y dando batalla
y diste el ejemplo a este pueblo,
que defender la patria es lo más honroso que nos llama.

Ahora, descansa, galardonada,
dándole sombra y flores a muchas almas
que como tú,
defendieron esta patria borincana.

Sólo quedan los trinos en los laureles de la plaza

Apenas una luz en el oeste
hunde a mi Ponce en un silencio
y salen a vagar por sus calles heridas
los pasados que duermen en sus esquinas…

Una música dura, profana y vulgar,
trata de ocultar la decadencia,
una voz discordante grita en un celular,
un perro cansado ladra en la distancia;

Pero, Ponce, no se inmuta
y las azucenas eternas de los balcones de la calle Isabel
lucen más bellas que cuando el entierro de los heroes
de la Masacre de Ponce de mil novecientos treinta y seis…

Los pajarillos mañaneros todavía cantan
y los laureles de la plaza sonríen
acordándose de tiempos y hazañas
cuando la plaza era un enjambre de parejas
que a Morel Campos bailaban hasta que amanecía...

Uno que otro sabio de pueblo
busca oídos para descargar hazañas
pero sabe sólo los pajarillos entienden
cómo fue el pasado que ahora descansa...

Piedad, piedad, Señor, para mi pobre pueblo borincano

Durante el temporal Isaias, julio 2020

Señor, ¿cuándo este pueblo te ha faltado?
¿cuándo este pueblo no ha sido
bondadoso, humanitario y trabajador,
hasta el punto más humano?

Señor, ¿cuánto lleva este pueblo
sufriendo por desastres naturales?
viendo sus gentes emigrar con el corazón en la mano
llenos de espanto por un exilio forzado.

Señor, ¿cuántas lagrimas ha derramado
este pueblo hermoso y compasivo,
al ver como se fuga el capital
y el talento nuestro a tierras de olvido...

Señor, oye el canto desgarrador
de tantos y tantos boricuas huyendo,
buscando mejor vida para sus familias,
paz en la tierra, y el pan diario...

Señor, cubre mi gente con Tu manto,
que sientan Tu mano en la suya,
que entre la paz en su caminar errático
y que no pierda la fe de regresar en un futuro.

¡Cómo nos duele en la diáspora
revivir a María en cada calle inundada,
en cada quebrada que se desborda,
y en cada niño que su padre en sus espaldas carga!

¡Cómo nos duele ver los viejitos nuestros
de casas inundadas sacados,

y nuestros árboles frondosos
en la tierra caidos, vencidos y destrozados!

Señor, ten piedad de nuestro pueblo,
ten piedad que nuestro corazón
que de dolor está destrozado
y mira hacia Ti la paz y la calma buscando…

POEMAS DE LA SUBJETIVIDAD

Concluyendo el 2019

Yo, que he partido de tantos puertos,
que he visto tantos pañuelos llorando en el viento,
que he visto en el fondo del ser humano
su más horrible maldad y desaliento…

Yo, que he oído el suave canto del amor
en el murmullo de tórtolas mañaneras,
y visto como el amor
el corazón en una madeja lo enreda...

Yo, que he visto tantas veces la muerte entrando
como una caravana de payasos,
que he dormido en un palacio cuidando un Rey herido,
y comido en el suelo con amigos por humildad bendecidos...

Hoy, de sueños rotos el dolor va sangrando,
de ocasos y crepúsculos se va llenando,
y el mar que me llama
cantando mi nombre en espumas va marchando...

Hoy, me llora el alma al ver un pueblo perdido,
que vivió soñando que su bandera sola flotara,
que ve en el horizonte llegando el momento temido
que perdamos la patria y que sea un sueño cansado...

¿Qué me quedará cuando todos se hayan marchado
cuando cabalgue sola por vientos de recuerdos impulsado;
cuando las lágrimas se hayan secado
y, como hojas muertas de otoño, vayan volando?

Sólo quedará el amor, como lo más bello que el pasado ha dejado:
y el "gracias" de ojos tiernos de pacientes,
y el recuerdo de haber vivido momentos
donde el amor triunfó sobre el lado oscuro del pasado.

Adiós a una vida consumada,
adiós al amor que, también, el paso de flores me ha llenado;
a mis hijos les entrego mi pasado vivido,
y mi bandera de sangre teñida y triste, flotar buscando…

Es preciso levantar el puño ya sin fuerzas,
hundiéndolo en el viento encontrado
y que flote solo mi bandera,
por mis hijos y nietos abrazada...

El mar que me transforma

31 Octubre 2020 frente al mar de PR

Hay algo que tus olas limpian:
una embriaguez de ciudad,
una llenura de gentes y cosas
que a mi espíritu, como fiera escondida, devoran...

Me levantas por las tardes
en tus vuelos de espumas
y la orilla me bate sacando del alma negruras
que mi corazón cuaja y no desnuda...

No sé qué quieres de mí,
yo sólo un mortal sin tu perfección y altura,
que me acojo al silencio de mi esquina
cuando la vida duele y mi sonrisa se fuga…

¡Déjame, oh mar divino!
ser humano y frágil,

lleno de dudas y llanuras;
no soy el dios de tus nubes y las aves que te surcan..

Entiende que vivo del placer,
del terror y la dulzura,
y que necesito que tu caminar
me ayude en mi locura..

Algún día descansaré en esta tierra,
y mis ojos buscarán tus ojos,
y tus versos pasión me darán,
y oiré tu cantar mas diáfano debajo de tu luna...

La noche que me rompí

A orillas de Lago Hunter, Wisconsin. A mis hermanos de
Campamento Espiritual oct 2017 y, después de huracán María

Una noche clara de otoño
compartía con hermanos de sueños
buscábamos la felicidad
poniendo a Dios en el medio…

El lago nos miraba temeroso de recuerdos,
chistes, música y una guitarra soñolienta,
que plañía melodías de nuestros países lejanos
que la noche acariciaban con pena…

La luna, subiendo por el lago,
nacía tan esplendorosa
como una novia de verano
rodeada de azucenas y familia con ojos de luna...

Alzé mi copa, deseoso de alegría,
y un buen recuerdo, pero desde el fondo de mi alma
me acechó un sueño herido...

Mi pueblo lucha incansable
por llenar su vida y su tristeza,
y un huracán, de fuerza diabólica,
destruyó mi isla amada y lo hizo una quimera...

Del alma sólo salió un suspiro
y se vistió la quimera
con un traje de pena...

Hermanos, me rompí como una crisálida
que una mariposa engendra
sólo les di mi corazón
y esa horrible quimera...

La fuerza del mar

Cuando rompe el alba en noche sin luna,
cuando llega silenciosa la luz por el este
y el mar trae colores e historias
me invade una sensación extraña
de que algo maravilloso me llama,
que algo sin forma me busca,
que algo ancestral me reclama…

Siento mi sino en el alba y el ocaso,
vida pasa sin que nadie sepa
quién la llama y la busca,
o quién la reclama.

Los vaivenes de las olas llevan espadas
que proclaman historias y traen desde lejos
marchas de hombres que a la mar se lanzaron
y en ella la muerte les encontró del frio pasmados…

Y cuando ruge el mar se levanta un mundo desesperado,
lleno de pasados y de esperanzas
de sombría soledad y de historias
de guerreros en combate con fuerzas extrañas…

Busco el verso en el rugir de la espuma,
en la luz que en el saliente
de colores se desnuda y se baña
y exige respeto al sol que un deseo cuaja.

Busco en las olas, el viento y el ruido
esas voces que el tiempo opacan;
busco en mi ser el vórtice que la llena
y el amor escondido que la clama.

Hay voces en el agua que se deslizan de la nada,
del marullo que rompe buscando amor en la arena,
en el viento que arrulla y despeja,
y en la playa que suavemente danza y coquetea.

Hay algo en las almas que al mar seduce,
y el sentir de la belleza que nos une,
y el cantar que la luna esconde.

Hay un mundo más allá que esta playa habita,
que lanza su grito sólo en el alba
y que trae consigo sonrisa sin guerras
y que en sus entrañas a los hombres llama.

La fuerza que a mi isla mueve...

frente al mar, al amanecer

Surge la mañana, explotando en mil versos,
y de las entrañas de la tierra algo mi mano guía
que mi corazón siente dentro muy dentro,
y explota cantándole a esa fuerza que alimenta mi verso.

Es la fuerza del mar que me cautiva
es la voz que me domina:
la voz de Dios en las olas ruge
y en mi corazón esperanzas palpitan...

Se plasma el alma del mar en mi destino,
soñar en su ribera es mi sueño,
y no sentir el dolor del mundo
tirando lava y espinas a mi caudal de días...

Olas que nacen sabe Dios dónde,
que viajan miles de millas para lamer
de mi patria sus orillas
y tocar el corazón de mis boricuas...

Yo sé que fuerzas malditas nuestra psiquis capturan,
yo sé que envuelven a mis hermanos
como una telaraña de hilos nocturnos
de una gigante araña que mi tierra enreda y daña..

Mas no dejo que mi momento mágico perturben,
y sé que la tierra Borincana surgirá como Sísifo
a recoger praderas y montañas en busca
de la bandera solitaria que el mar su estrella arrulla...

La mano blanca y la angustia

Al soldado de Bucha, Ucrania congelado y sepultado abril 2022

Pensé había visto todo
pero la mano dijo que "no"
y la vi saliendo de la tierra helada
y una náusea me invadió el corazón…

Estaba blanca, congelada y con uñas azuladas,
y salía del fondo de una trinchera
donde los rusos enterraron los cuerpos a la ligera
de los Ucranios que ejecutaron en Bucha, Ucrania.

Podía ser mi primo, mi hijo, mi hermano,
un soñador de una Ucrania libre,
un poeta,
o el hijo de una madre que con pasión lo amaba…

Quise correr, abrazar, calentar esa mano,
decirle al soldado lo mucho que su valentía valía,
que no todos éramos así,
que respetábamos su dignidad y su hombría.

Que no merecía morir congelado
diciendo al mundo petrificado
"a esto me ha reducido la barbarie"
"de mi sólo queda mi mano"

¡Despierta oh mundo, de este letargo!
de la crueldad de esta guerra sin razón,
despierta, oh Europa,
¡despierta corazones dormidos!

¡Ven Europa, antes que sea muy tarde
y todas nuestras manos sean mutiladas,
congeladas y las uñas por la maldad azuladas!

¡Despierta, oh Mundo!,
ésta no es una mano,
ésta es nuestra alma
y el alma de un pueblo abusado...

La niña, el abuelo y la hamaca

Cuando apenas la niña cumplió dos añitos
su abuelo una hamaca entre dos olmos colgó…
La trajo de Méjico, de la mejor,
con hilos de seda y de brillante color…

Los olmos complacidos sonreían
al ver el abuelo la pequeña niña mecer
cantándole nanas suaves
y sonreía con placer

Así cada verano el abuelo la hacía duro reír
pues gozaba de cada momento que la hamaca mecía feliz…
Los pajaritos sus trinos ajustaban
a las nanas que el abuelo cantaba para la niña embelesada…

Mas llegaron nubes negras a sus vidas
y la niña no pudo ya venir
y cuando llegaba el verano ella sí acordaba
como el viejo le cantaba así:

"Mambrú se fue a la guerra, qué dolor…
doña Ana no está aquí…
ahí viene el verde limón…
donde vas carbonerito, donde vas a hacer carbón…"

Cuando llegaba cada verano el ya anciano debajo de los olmos
a mirar la inmóvil hamaca se sentaba, todavía ilusionado,
y le parecía que se movía y sus ojos nublados se alertaban
y soñaba que el suave viento y los pajaritos las nanas cantaban…

Ya la hamaca esta fracturada,
ya el abuelo su vida está pasando,
ya la niña es casi mujer
y sólo los olmos se acuerdan de las nanas olvidadas…

No te puedo dar un nuevo pasado....

Hermano, hoy volvemos al mundo hasta quisíeramos olvidar,
pero la vida es mayor que nuestro pasado
y regresamos a un mundo que, aunque imperfecto,
es el único que Dios nos ha dado...

Yo no puedo ser el arquitecto de mi pasado,
pero si puedo ser el soñador de mi futuro.

Hoy salimos de aquí, bendito sitio de amor,
donde encontramos el cariño y la comprensión soñados,
con un saco de esperanzas debajo del brazo,
y diciéndole a mi mundo herido
"todavía tengo mi alma templada al cambio"

No dejaremos de soñar pues el soñar
es lo que nos hace humanos,
y los que nos une:
viajantes hacia el horizonte prometido y cercano…

Recuerda que no puedo hacerlo por ti
que soy un soñador tanto como tú,
y recuerda que aquí he estado por años
sintiendo el dolor de tu pasado y soñando contigo tu futuro.

Siempre con mi hombro listo para tus lágrimas,
y cuando la tarde te apure y desmayes en tu esfuerzo,
yo tendré mi hombro herido
para darle reposo a tus sueños más queridos…

Porque el que no sueña, muere,
el que no busca se disuelve,
el mundo es del soñador
la derrota es del que dice "No se puede"

Pasados van volando...

Abril de 2020 durante la epidemia de virus

Veo mi vida deslizarse por la arboleda
que al lago en sus besos envuelve,
y escucho el canto de las aves mañaneras
que no sé qué buscan o si saben entonar mis penas…

Todo mi mundo se conjura para hacerme sentir
que mi vida va a pasar no muy lejos de mí,
y escucho en mi corazón cansado
los cuentos de tantos en el firmamento ya estrellados…

Entiendo ahora, cuando la turbulencia
de tantas cosas ha pasado,
que todo tiene misterios y mística
y descanso acogiéndome al recuerdo como bálsamo sagrado.

Entiendo en mi vejez que lo que fue, fue,
y lo que no fue, fue por órdenes de un cielo,
pero no quiero encontrar las razones
para este largo caminar sin en mi espalda viento…

He visto tanto y tanto, que ya ni mirar quiero,
ni nada que espante mi canto,
o que me vuelva al cauce de sueños
que en el camino quedaron callados.

Las vidas que cruzaron mi camino
son cascarones de pasados recordados,
y yacen a lado de la ruta escrita
con burbujas de vida por sus ojos llorando…

¿A dónde marcho si ya no queda camino?
Si el silencio agarra horizontes perdidos
y siento mi vida llegando a su cúspide
subiendo pinos cansados...

La angustia no es válida ya,
todo marchó y tuvo su momento definido,
todo se otorgó, y busco en mi pasado
los signos de que todavía existo.

Me mueve la patria inconclusa y vagando
en un mar de tragedias y olvidos,
y busco de mi voz el último aliento
para mover mi bandera sin viento, sin viento…

Ese sueño jamás perderá su noche,
y aunque me ausente por compromiso de huesos,
alumbrará mis ojos cerrados por párpados sumisos,
buscando besos en pupilas abiertas...

Mientras contemplo las aves durmiendo;
recorrerán mis manos pasado y sueños,
y entregaré a otros hombres de verdad sedientos
mis sueños y trazados cuentos...

Yo soy hecho de gentes y pasados... 2020

Me despierto sintiendo
cómo me corren por el alma,
como gatos en la noche en casa de la abuela,
y cómo mi corazón mueven y me dan mi alma.

Me lanzo a la vida sin descubrimientos,
pero sé que dentro de mí se mueven,
que dentro de mí pulsan por salir
y enseñar su cara en su momento...

Me impulsan a diario en silencio,
sé que soy el teatro de su existencia
y trato de esconder sus movimientos
cuando los siento en mis sentimientos...

Son el timón que mi vida mueven,
y que me hacen llorar cuando no quiero,
reír cuando no debo y soñar cuando estoy lejos.

No sé si sacármelas o tributo rendir a su cuerpo,
son los que me formaron y que su vida dieron,
que fueron poniendo en mi pedacitos de ellos
como en un rompecabezas que no es juego...

Soy la marioneta que sus pensamientos mueven,
que mis manos mueven en silencio,
los amo y les temo,
les busco de noche para consejos.

Me asusta pensar que no soy yo,
que soy vacío de otros deseos lleno,
que pasados formaron mi vida
y que no soy yo, sino sólo un vaso de sus sueños.

POEMAS EN INGLÉS

An afternoon to forget and just skate, skate, and skate

Centennial Lakes, Edina, Minnesota on Jan 8, 2022

I seat in an old swing by a frozen lake,
where some skaters do grateful pirouettes,
struggling to stay warm enough
so that the pen's ink, nor my thoughts, freeze on the spot.

Beautiful, sunny, late January afternoon,
Snow shining pure as it may,
a settling sun in the west my eyes warm,
my soul finally rests from hard thoughts and dubious hearts...

In the Lake, only colours of skater's coat, sounds of the skate's blades,
some swirl others stand there trying to skate.
It is a world of happy people,
as the silly chatting mingles with the sound of the skate's blades….

A steel statue of a pinecone
stands next to the shore of the lake,
immobile it glares at the beauty
of the figures attempting to swirl or just to upright stay…

The power of the moment seems endless at best,
the silent afternoon passes by in its beauty enshrined,
the lonely figures swirl so peacefully,
mesmerized, I cannot help but in the future reflect…

A better world for all...

After medical mission to Tijuana's, Mexico Caravan Camps 2019

A Friday of a cold January
we landed in a sunny San Diego,
bags full of medicines under our arms,
hearts beaming with joy from our loved one's blessings...

Little did we know that this trip would change us,
that the people we were told where hateful,
would give us more
than those that criminalized them, gave us.

We found resilience, family love,
human smiles,
fortitude, courage and childrens playing
with the joy of living and grateful...

We saw how rejection kills the heart,
when a man in supreme depression
said "we are the trash of the world,
nobody wants us anywhere there".

Under wounded men, running noses,
scabies, chickenpox, PTSD,
we found hearts of gold, looks of hope;
our care was received graciously and tender...

Where are the rapists,
the murderers,
those that want to kill us all?
we wondered...

We knew that evil was really in the heart of those
who give life not a chance,
who distrust, mame, and destroy all hopes
and that live every day in a sickness of the soul,
afraid of a world which will be kind and gentle forever more…

We are the voice of the voiceless,
of the children who walked miles on end,
who slept while their parents told them with hope
we are not quite there yet…

We are the voice of the men and women
that silently dream of a job,
of liberty and freedom from oppression,
of the open arms of an America that cares…

A gentler, kinder nation we are,
we will the voice they need,
we have the will to prevail,
we are the kinder, gentler nation they dream…

I hate and love you

To the ash trees behind my daughter's house.

Solemn, soldiers defending a fort
their leaves not quite yet done,
resolved all winter to make me feel safe,
they guard their world as patriots do...

They keep deers marsh birds away from this side,
if it were not for those trees.
I could watch them run and jump
and hear the bird's secret songs of love...

Over there, a train runs all day long,
and as I try falling asleep,
I hear the rumble and the toot
and I remember that girl every single time too.

If the trees were not there,
we could venture out and explore the other side,
but the swampy marsh guards her too,
threatening to punish us if too far we do…

The trees are always there,
and every morning they greet me
but make me feel so powerless and alone.
It's my prison, my dream of conquests gone…

If they cut them all down
they will grow back again,
It's an honor guard to that girl
that lives on the other side as well..

Papa, I see freedom across the land"

To the family of four from India, who froze in northern
Minnesota trying to enter US…Jan 2022…

They came, it seems, from Gandhi's Gujarat,
looking for the freedom the Mahatma's life commands:
"papa says will get help for mom and the baby;
liberty is on the other side of that land"

They walked miles and miles in such a frigid day,
and they were so close to the border
the teenager proclaimed:
"we are so close; papa, but my feet cannot feel the way"

The baby slept in the mother arms,
the father cried, his tears fell like snow to the ground,
and the teenager walked-on carrying the hope
of the poor and homeless of mankind…

They did not find Liberty city,
they huddled at the end,
and all the teenager could see last
were his papa's tears falling on his lap…

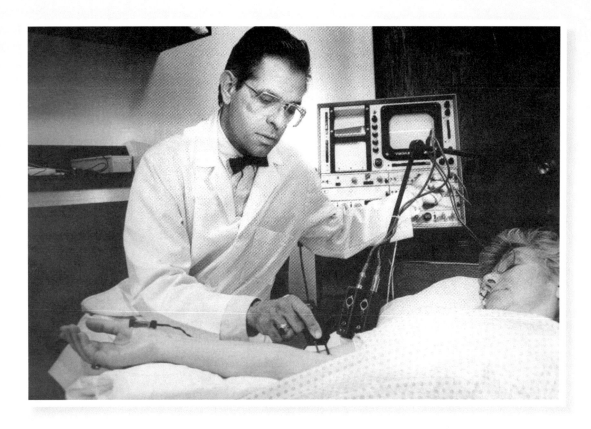

So many years, so many times...

In honor of the many patients I took care
for over 50 years of Neurology
Miguel E Fiol MD, 2021

So many years, so many times I helplessly
watched the sad parade of good men and women
wounded by dreadful diseases,
pleading God to spare them, but not reaching the quest...

So many years, so many times, I rebelled against Him pleading to
spare them and let them be on their journey well,
not understanding the value of fate
or nature's wills and ways...

So many times, so many years I treated courageous men and women,
who have flowered my long journey so afar?

leaving a soft mark in my heart:
an old oak tree carved with messages of love.

The young ballet dancer, her bones by mets devoured,
who kept smiling until her curtain fell with her final bow;
the man who did not want his ill wife to know
the terminal brain cancer he had…

So many years and so many times I have seen
the mothers who dedicated all their life to her impaired child,
the beauty of patients with limitations,
the love and the innocence of all their life.

So many years and so many times
I saw the beauty of caring and be cared,
moments of humanity, total honesty,
as humans generally with docs are who they are.

I remember Steve, Justin, Kate, Tracy, Hazel etc...
their passage was not lost in my memory,
and I am sure they are somewhere
wishing me new triumphs and waiving me farewell.

So many years and so many times I felt the exhilaration,
the beauty, of some of the mysteries of how the brain writes, makes
music, poetry, feels, and where love may hide, or where is the God
spot that makes man so special and might.

And now I must march on too for its time to rest and smile,
sit under a tree, reflect and invent, with glass of wine
and salute the many I cared, and softly loved and who cared for me
so many years and so many times...

Sunrise club poem 1

Dec 29 6:36 am

At a moment's breath, and as far as the eye can guess
a tiny ray of yellow the horizon breaks,
like a daffodil in spring the earth erupts
and like a chicken out of the shell, life grows...

Solemn moment where earth and sun
in the horizon in passion kiss,
letting the world, who trembles in expectation,
know that a new day is soon to be a bliss...

Death is defied, life is portrayed,
the world continues to exist,
and the disease that plagues us, is soon
to be defeated and glory to earth conceded...

The birth of life today we celebrate,
the roaring of the sea below, eternal roar,
in new amazement we contemplate
life is still our gift and our sanctity to exist.

Rejoice oh world, life is still here to quest,
the sun has risen in majesty now,
and the horizon is a garden of colors
a feast the eye can barely resist, and honors...

No one can the earth plunder and mame;
no more will covid our world wreck,
triumphantly our sunrise we celebrate
as a new day, our valor portrays...

The brotherhood of mankind

In thanksgiving 2021 to the power of love

In a bright Fall's twilight
I surprise the high Pampas grass spears holding hands
as they sway with the kind wind's caress
in harmony with the silence of surrounding Fall's parade...

The frozen lake sleeps in its banks
wondering what nature will tomorrow command,
but knowing that the Pampa grass plumes
may be gone with the Winter to rest till spring blooms.

I sit in a swing next to the Fall's parade
wondering what poem the moment will bring,

and finding no answer in my heart in dismay
I turn to the pampas grass but its dance has now escaped.

I wonder if their brotherhood will forever last,
if their sway together
or it's just a dream to pass,
that will vanish like the one of man…

I return to my world and listen to the sad state of all,
the destruction of nature is on the run,
the glaciers are melting,
a child is run over in a Christmas parade
living broken hearted the whole human race..

We still dream that this Thanksgiving's gift
will be the return of the Pampas grass sway,
for only in a brotherhood will heal our hearts
and dream away a bright future afar..

Alice and her luggage

On a Kyiv, Ukraine, suburb, Tatiana and her
family were killed by a Russian mortar
By Miguel Fiol march 9,2022

The world will not see her again,
nor her smile will shine, as Alice, 9, has ceased to exist.
she will be remembered by her friends
and a world shocked by the cruelty of the events...

She was pushing her rolling luggage
filled with the few things last minute she could fetch
when her mom, Tatiana, told her
they were leaving Irpin to go west.

With just a doll, a diary and few clothes
she was facing a new life away from the bombs
and the Russians on the way;'
"papa will join us later and all will be well"...

Her life ended in a flash of a mortar;
and the world gazed at her limp little body
on the bridge to safety
next to her luggage: her only thing left...

She could not say goodbye to her papa
who was fighting a war he did not make
another victim of the helplessness of modern man
carrying the baggage of the old world...

We must rest now,
the burden of war is too much to bear.
we hope the death of the little girl with the luggage
will lead us to a peace that honors her quest...

To the girl in the attic,

Elizabeth could not read or write
her epilepsy kept her away from school and church alike
"it's contagious"
said the town folk every day.

She died at thirty from seizures
in the attic of that house down the street
from where she would wave at the world going by
and some waved scared to go up to those steps.

She was blond and pretty, epilepsy was her curse,
she like many others, was closeted from birth
and in that attic her life she spent
never joining her family nor her world...

No one knocked the door to ask
"if the girl in the attic was well"
she waited all her life
for someone to come up those steps...

Like her, many epilepsy victims
passed their life locked away,
she never came down to dinner
waiting for someone to come up those steps...

Let us rejoice in their freedom today
and that epilepsy is no longer that way,
and children understand is not contagious
and we cherish every life so afflicted we meet on the way...

But let's never forget those
who waited in attics, in locked rooms
in the darkness of the dark ages
for a magic hand that will release their chains
or to their attic walk up to meet them and just make friends..

The lake has opened up...

During the Pandemic

Last night was tormenting:
the news ravaged on Corona's death and dying,
we huddled closer to our loved ones
used zoom as binding, lasting...

A morning snow greeted our sadness
with gloomy clouds running around madly,
and then we saw the lake at a distance
that had overnight opened in the darkness...

We ran to it in a wonder state,
the ducks where happy to have a landing runway,
the birds sang faintly through cold shivers
as we gazed at the soft waves the lake shores adoring...

All is well in the world,
the lake has opened!

The power of hope

For Jimmy, on his confirmation may 2021

Daily we stand facing many challenges,
hoping that this nation,
born of immigrant's freedom dreams,
will return to the conquest of them to be.

We hope that each day peace will be finally lasting,
that we won't have another mass disaster,
that we start our journey each day
with peace as the only hope to success...

Today a young man takes a confirmation oath
to see that justice prevails,

that the hopes of our dreams are not lost,
and that compassion be the king of us all.

We know his passage from child to man to be truthful,
that he has a new spirit to carry his own torch of light,
that his generation will forever strive
to right the wrongs of our everyday lives...

Jimmy, you face many challenges:
to carry our hopes of peace forward,
and to see that mankind moves beyond greed and loneliness.
we know you will strive for knowledge, piety,
and have fear of God almighty.

Your power is no less than a crowd's,
your example is no less that any leader in town,
for one man's dream can be a nation's command:
to heal our wounds, to aim for the stars,
for there are no limits to a good and kind heart...

Take good care of him world

To Henry Miguel, grandson, on graduating 2016 from high school

As we face the most troubled times in memory,
as we feel more and more that our time is gone,
as we confront a world in utmost distress
we utter only one plea today: take care of him, world…

It's our grandson, world, dashing out of high school
full of joy and wishes to change conquer you, world,
the challenge of discovery lures him on,
and the love of life and friends makes his sail prevail
and as a pure, novel heart leads him to battle,
please take care of him, world…

We have lived enough
and have seen enough
and we shudder at the world in distress,
we have perhaps failed as a generation
as we give to him a world…

Tita and Jim have packed his bags for this travel
with years of love, teaching and sweats,
and as he dashes out to start this journey
please, please take c/o of him world…

You, world, so hurt and destroyed
by war, greed and chemical wrecks,
think not only of our future,
but also of this man rushing to embrace you
and his beliefs profess.

Our civilization is in a course of destruction
life is vanishing on earth;
but do be gentle with this man
determined to change the world…

Guide his steps ever so kindly,
watch his back and watch him bear success,
so that the torch of a new civilization
saves our planet, saves our earth…

Bon Voyaye, Tribilin,
You got the talent to succeed
and we will watch from somewhere
Full of pride and love for thee…

Time to renovate our lives...

Navidad 2019

As we face another new year of our lives
wishing to be kind and gentle,
we cannot but pause and reflect
on the year that is wanting to surrender...

The year was full of tragedy and disbelief
as the world faces a planet sinking in the sea,
terrorism has killed many innocent beings
and we gaze as the pollution destroys our greens...

As we pause for wishing a new birth to be,
we remember the ones whose life has gone within:
my father and mom whose lives were
dedicated to our well-being, education and honesty...

Tony, Lydia, Alberto, and others, figures of a past that slips,
with high standard of family values, honor
and humanity supreme,
will also soon disappear from memory as passing birds be...

In sickness and health we move forward
to face the challenges of these days,
and we gaze at a little being,
lying in a manger surrounded by such simple smiles.

Let's imitate the beauty of that child
who gazes with eyes full of hope and kindness,
like all the eyes of children,
whose zest for life is beyond understanding...

May the child in us continue to inspire,
may the beauty of humanity
be the kindness that moves us,
and may we not lose the zest to be kind and humble...

Feliz Navidad...

Printed in the United States
by Baker & Taylor Publisher Services